JN411179

김용선 詩集

오늘이라는 선물

세월

고향마을_김용선 作

오늘이라는 선물

인　쇄: 초판인쇄 2015년 07월 10일
인　쇄: 초판인쇄 2015년 07월 15일
지은이: 김용선
펴낸이: 윤기영
편　집: 정설연
펴낸곳: 노트북
등　록: 제 305-2012-000048호
본　사: 서울시 동대문구 사가정로 256-4호 나동 B101호
전　화: 070-8887-8233 팩시밀리 02-844-5756
이메일: hdpoem55@hanmail.net

2015. 7. 김용선 두 번째 詩集

정 가: 10.000원
ISBN: 978-89-92687-55-3-03810

한국 현대시[韓國 現代詩]

811.7-KDC6
895.715-DDC23　CIP2015017725

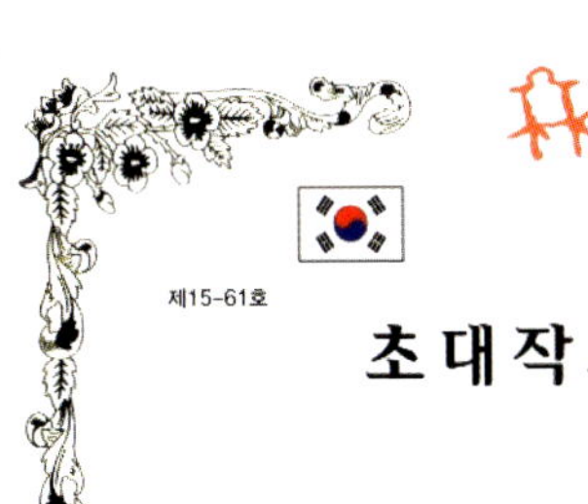

제15-61호

초대작가증

성명 : **김 용 선**

전시장소 : 스리랑카 콜롬보 캘러리아 사원
(The Temple Kellenier in Colombo, Sri Lanka)

귀하는 (사)한양문화예술협회가 주관하고, (사)한국예술문화단체총연합회, (사)한국미술협회가 후원한 남북통일기원 제7회 국제깃발전에 초대 출품하였기에 위 증서를 드립니다.

2015. 7.

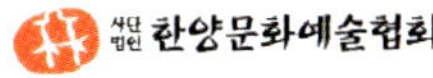

국제깃발전 이사장 김용춘

2집을 내면서

계절의 변화에 따라 그들에게서 아름다움을 느끼며 자연과 더불어 생활한 흔적들을 떠오르는 대로 쓰고 그림으로 표현하다 보니 무딘 노년의 생활에서 벗어나 즐거움에 활기찬 나날들이 펼쳐진다.

글쓰기 시작한 이유 중의 하나는 내 몸에 이상이 오면서 뇌를 쉬지 않고 움직여보자. 무언가에 몰두해보자 란 생각으로 시작한 것인데 어느새 두 번째 시집을 세상에 알리게 되었다.

또한 우연한 기회에 현대 시선과 인연이 되어 다른 분들의 마음을 읽으며 나를 다듬어 가는 현재 생활에 무척 만족해하며 지금도 자판기를 두드리고 있다. 더불어 늘 음으로 양으로 격려해 주시고 용기 주시는 출판사 대표님께 무한한 감사를 드립니다.

2015. 7. 김용선

목차

1부. 오늘이라는 선물

2부. 그리운 초록 친구들

3부. 떠나려는 가을 앞에서

4부. 추억 속 친구

1부. 오늘이라는 선물

봄 향기 가득한데
오라는 이 없고
지루할 것만 같은 오늘
내 마음의 하루해는
서산마루 어디쯤에서 지려나.

오늘이라는 선물 -中-

오늘이라는 선물

새벽 문이 조용히 열리면
오늘이라는 커다란 선물 꾸러미
끈이 서서히 풀리기 시작한다

새로운 일들
차례 기다린 듯
줄 서 있고
용불용설이란 단어
안 쓰면 퇴보되기에

내 나이가 어때
자부심과 긍지 갖고
뇌를 운전한다

봄 향기 가득한데
오라는 이 없고
지루할 것만 같은 오늘
내 마음의 하루해는
서산마루 어디쯤에서 지려나.

마음 숲에서 나는 소리

찬바람 헤집고 찾아온
밀려오는 그리움
어둡던 마음 밭에
환한 빛 뿌려 놓고
얼었던 가슴 사르르 녹인다

꿈속에서 잠자던
추억 하나 들추니
꽃처럼 아름다웠던 일들
봇물 터지듯 밀려와
텅 빈 마음 밭 꽉 메운다

고요한 마음 숲에
넘쳐흐르는 그리움
터져 나오는 덜컹 소리
뒤척이다 뒤척이다
또 허공을 헤매고 있다.

눈꽃에 머문 그리움

찬바람 불고
삭풍이 몰아치는 깊은 겨울
펄펄 휘날리는 하얀 눈송이
나뭇가지 위에 살포시 앉는다

그리움 하나
순백의 황홀함은 순간이고
갈 길 찾아 방황한다

외로움을 삭히며
갈 곳 잃고 흔들흔들
얼어붙은 하얀 눈꽃이 심술궂다

햇빛은 희뿌연 구름 속에 숨고
가지에 붙은 눈꽃은 미동도 않는다
애틋하여라 머물고 있는 그리움
마음자리 기웃거린다.

마음에 날개가 있다면

평온한 표정 밑에
포근히 잠자던 마음
잔잔한 호수 위에
던져지는 작은 돌 하나
일어나는 파장 넓기도 하다

시야가 흔들리고 어둠이 오고
서글퍼지는 마음의 움직임
서서히 물보라 일으키고
이슬로 뒤덮인 풀잎 되어
흐르는 작은 물줄기 소용돌이친다

가까이서 밀려오는 그리움의 포말
가슴에 부딪히는 추억의 아픔들
슬픔과 뒤엉켜져 혼미해지고
평화롭게 꿈속을 나르던 잠
천리만리 귀향 보낸다

마음에 날개가 있다면
아름답던 추억만 가슴에 안고
너그러움이 가득한 정겨운 곳
행복이 솔솔 솟아나는 곳으로
자유롭게 훨훨 날고 싶어라.

마음의 소리

오늘은 낮춤 하라네
양보하는 마음 평화가 온다고

내일 오면 고마움 안으라네
주는 마음 받는 마음 아름다울 거라고

어느 날 인가는 기쁜 일 찾아온다네
행복해 하는 마음 감사함 느낄 거라고

나, 너, 매일매일 타협하며 살라 하네
정다운 이웃이 멀리서 찾아온다고

시시각각 들려오는 마음의 소리
재깍재깍 쉬지 않는 마음 시계 덕이라고

지금도 조용히 들려오네요
지난날 되새김하는 명상시간 가져 보라고.

백설의 유혹

눈부신 백설이
밤새 소리 없이 휘날리며
여기저기 소복소복 쌓아 놓는다

엄동설한에 작은 새 한 마리
불러 놓고 어찌하려고
찬 설위에 종종걸음 시키나

희고도 흰 고고한 자태
동공 안까지 비친 순백의 빛
유혹의 힘은 사정없어라

깊이 잠든 추억 하나 깨워놓고
그리움만 주고 간 백설
잠 못 이루고 온밤을 배회하게 한다.

겨울 바다

무겁게 출렁이는 짙고 푸른 물색
무서운 파도 밀려오는 하얀 포말
모래 벌치고 올라 쓸어내리고
모래알은 찬 바닷물에 목욕한다

깨알 같은 모래들의 합창 소리
깨끗해진 모래벌판 나를 부르네
발 빠르게 그려 놓는 얼굴 하나
발목까지 차고 드는 바닷물의 손길

마음대로 밀려오고 쓸어내리고
마음자리 더 추워진다
멀리 보이는 수평선
멀거니 바라보는 씁쓸한 이 마음

푸른 하늘과 푸른 바다는 입맞춤하건만
밀려오는 거센 파도 막을 길 없고
젖어드는 님 그림자 지울 수 없어
하염없이 쏟아지는 그리움을
하늘에 날리고 바다에 띄워 보낸다.

꿈은 살아 있는데

세월의 화인 주름살을
가슴에 곱게 품어 안고
푸른 꿈속에 묻혀 있던 기억
하나하나 들추어 되새김해본다

흐르는 시간을 무시하고
꿈은 살아 꿈틀거리는데
이글거리던 생의 의욕
등 뒤에서 시들게 한다

지워지지 않던 추억의 그림자
이제는 흐려만 지는데
좁혀 지려는 마음
튀어나오려는 자존심
산마루에 걸쳐놓고

젊음을 떠올리며
잃어가는 자신감
시들어 가는 나이 꽃을
곱게 피우기 위해
구름 위를 어슬렁거려본다.

봄비

하늘은 흐리고
구름은 흐느적거리고
흘러내리는 서글픔
이슬비 되어 창문을 두드린다

축축해진 대지는
아버지의 넓은 마음 같고
고갈된 마음 촉촉해짐은
어머니의 고운 손길 같아라

봄비야 내려라. 흠뻑 내려라
진주 알 같은 사랑의 씨앗이
두꺼운 벽 뚫고 나올 수 있도록
따뜻한 빛 흠뻑 내려 주거라

탐스러운 열매 주렁주렁 맺히도록
봄비야 내려라 흠뻑 내려라
어설픈 사랑도 토실토실 익어서
아름다운 사랑으로 물들일 때까지.

봄바람

산자락에 아지랑이
몽글몽글 피어오를 때
지난날의 흐렸던 기억들
고개 들고

지워지지 않던 그리움
파도처럼 밀려와
내 마음 사로잡는다

따뜻한 햇볕 한아름 안고
허우적거리던 그리움
불어오는 바람에 날려 보내니

수정같이 맑은 푸른 하늘
내 마음은
산잔한 호수 위를 걷고 있다.

하늘은

넓은 하늘 보면
여유로움 가득하고
푸른 하늘 보면 푸르름 싱그럽다
흐린 하늘 보면 어두워지는 마음

하늘이 달리 보이는 건
하늘의 속내를 알고 있는지
하늘 따라 마음도 변하는 게지

좁은 마음 넓게 해 주며
푸른 만큼 싱싱함을 주고
어두운 밤이면 외로움 달래어
희망이 살아 숨 쉬게 하는

하늘은
내 속마음 알고 있는지
내 마음 따라 할 일이 다른 게지

하늘에게 말했네
넓고 푸른 바다처럼
누구나 품을 수 있는
밝은 희망 안겨 달라고
모두를 헤아릴 수 있는
큰마음 되고 싶다고

무언의 대화 속에
털어놓은 속 내음을
하늘은 듣고 있겠지.

새의 노래

살며시 폈다 접었다
날았다 앉았다가
또다시
사라졌다 나타나고

시계가 없어도
알림 소리 듣지 못해도
제 할 일 찾아 날갯짓 바쁘고
열심히 쪼아대는 작은 새 한 마리

사정없이 부는 바람
아랑곳하지 않고
어디든지 앉는 자리가 제집
널려있는 것이 먹이인 것을

부지런하고 여유 만만하여
걱정 근심 없는 평화로움 속에
밝고 고운 노랫소리
종일토록 들려온다

귓전에서 머무는 고운 새 소리
나도 따라 흉내 내본다
짹짹 찍찍 찍찍 짹짹
무거운 목소리에 네가 웃겠다.

비오는 날의 고독 한 잔

미끄러질 듯 떨어질 듯
부르르 떨고 있는 유리창의 빗방울
고요 속에 조용히 흔드는 소리

그대 목소리 아스라이 들려오는 듯
울림소리 마음 설레고
아련히 떠오르는 추억의 그림자

모락모락 김이 나는 찻잔 위에서
님의 향기
찰랑대며 넘쳐흐른다

유리창이 뚝뚝 떨어지는 빗소리에
취해보고 싶은 은은한 유혹
단숨에 꿀꺽 마셔 버렸다

남겨진 건
마음에 그려놓은 얼룩진 수채화 한 장
그리움으로 꽉 차있었다.

빗소리 들으며

어둠이 짙은 새벽 길
우산대 타고 흘러내리는
빗물 소리

바람은 반주자가 되고
저마다 다른 음색들
소리 따라 춤을 추고

또르르 떨어지는 맑은소리
깊은 사색에 잠기어
마음엔 작은 지진 일어난다

쫓기듯 달려온 내 인생
허탈함은
빗속을 헤매며 떠다니고

빗길 속을 걸어가는 발걸음
마음에 조용한 울림으로 남아
일상의 숨결 소리로 들려온다.

5월의 향기

초록 향기 뿜어내는
5월의 푸름 속에

파란 하늘은
푸른 잎과 입맞춤하며
재잘대는 산새들 들러리에
펼쳐지는 녹음 축제
청아한 자태로
출렁이는 신록의 향기
바람길 따라 퍼져 나간다

잎새 수만큼 겪었던
삶의 우여곡절
세월이 남겨준 찌든 때
아카시 꽃의
짙은 향기에 묻혀 날려 보내니

메마른 가슴엔
녹색 물결 일렁이고
녹음방초 우거진 6월의 숲이
눈언저리에서 알짱거린다.

봄소식

사랑하는 가족들
훌훌 떠나 버리고
북풍한설 찬바람에
허탈한 춤만 추던
앙상한 가지들

계절의 변화를 비켜 갈 수 없어
하얀 세상 속에서
매서운 찬바람 이겨가며
네 마음 빼앗기더니
너의 깊은 속 내음 숨기고
불 푸르레한 꽃망울 잎망울
누굴 기다리며 꽃샘추위 이겨냈는가

따사로운 빛에 터질 듯
아름다운 몽우리
쉬어가던 작은 새들
지저귀는 해맑은 소리
나뭇가지에도 내 마음에도
봄은 오고 있네요.

계곡에 찾아온 봄

산자락 밭두렁
여기저기 녹아내리는 잔설
계곡마다 실개천 졸졸 흐르고

세찬 겨울바람에 시달리며 찬 설 속에서
깊은 잠자던 크고 작은 돌멩이
흐르는 물속에서 몇 번을 굴렀을까

해묵은 때 씻겨 반질거리는
네 모습에 비춰주는 봄빛
빛나는 진주 같아라

계곡에서 숨바꼭질하던
수줍은 모습 겨울 속에 묻어두고
네 안에서 벌써 봄이 놀고 있구나.

나목의 춤사위

화창한 봄날 오후
산길 걷노라니 얼기설기 얽혀진
나목의 가지들 기지개 펴고 일어나
봄바람에 휘휘 몸을 감고
살랑살랑 흔들며 누굴 유혹하는 걸까

긴 겨울 몸살 하며
외롭게 버텨온 갈잎의
몸부림이 아니더냐
높은 가지 끝에 드문드문 매달려
푸른 하늘 등에 업고
은빛 날개 펄럭이며 무도회는 열린다

햇빛 반짝이고 살랑 바람 불때마다
나목의 갸웃갸웃 신바람 나는 나뭇잎
푸른 벌판 무도회장에
흥겨운 춤사위 펼쳐진다.

응봉산 개나리꽃

노랗게 물든 응봉산
개나리 동산

해마다 이맘때면
지나는 길손 꽃잎 나폴 대며

발목 잡아 놓고
함께 꽃놀이하자 하네

물안개 자욱한 강 건너
멀리 바라만 보아도

고요한 마음 안에
노란 물결 잔잔하게 일렁인다.

밤꽃의 유혹

신록의 유월이 오면
산자락 비탈진 곳
짙푸른 녹음 틈새로
수줍게 무리 지어 고개 내밀던 밤꽃

어느 틈에 활짝 피어
싱그러운 녹색 숲 밭에
희끗희끗 수놓더니
슬그머니 다가와 당당하게 유혹하는
너의 그 진한 향기

차마 그곳을 그대로
지나치기 못내 아쉬워
길손은 가던 길 멈추고
후유~
들숨 길게 들이쉬며
지그시 눈을 감고 사색에 잠긴다.

오월의 마지막 날에

싱그러움이
내 안까지 가득 밀려와
마음만은 젊어지던 오월

생각도 삶의 지혜도
머리 회전 빨라져
덩달아 생활 패턴에 변화가 와
일상이 동분서주했던 달

어렵잖게 짧은 여행도
많이 다니다 보니
어느새 꽃이 피고 꽃이 지고
잎 넓어져 나뭇가지 활개 치는
6월이 왔네요

잠이 달아난 새벽이면
슬며시 나를 찾던 컴컴한 밖
밤하늘에 반짝이는 새벽 별을
헤어보며 서성이던 오월은 갔다

이젠 아름답고 요염한
장미 차례가 되었네요
가자 어서 가자
막 피어 싱싱한 장미 축제장으로

장미의 계절 6월
마음 깊이 숨겨둔 빛바랜 사랑도
6월의 태양 아래
훨훨 타오르는 장밋빛 사랑되어
붉게 물들이자.

사랑의 묘약

사랑의 묘약 오페라 보고 와서
사무치게 그리워 마음 송두리째 울렁이게 하는
그녀 뜰 앞에 서서 아름다운 모습 그리며 부르는
애타는 사랑가 마음 절절히 녹아내렸네

유혹에 넘어가지 않는 시큰둥한 그녀 마음
달래 봐도 갈 길 멀어 사랑에 눈먼 그대
약장수 속임에 넘어가고 나를 사랑하게 된다는
사랑의 묘약 마셨다네

내일이면 그녀 사랑 온통 독차지할 수 있다는
신통방통 약의 효능에 그녀를 본체만체
거드름을 피웠다네

그녀의 사랑을 한몸에 받을 수 있다는
굳은 신념 물거품으로 돌아가고
다른 이의 품으로 가려하니
절절한 구애의 노래는 창문을 때리고
흐려진 눈가엔 맺히는 눈물은
그녀 창문에 흘러내리네

사랑의 묘약을 더 마신 그의 추태
차마 볼 수 없는 심란한 마음
약장수한테 원인을 듣고 우수 어린 그녀 얼굴
다시 마음 돌려 진정으로 사랑해주는 그의
따뜻한 품안에 포근히 안기었네.

2부. 그리운 초록 친구들

언젠가 우리 낙엽 될지라도
그날이 오기 전에
마음은 가볍게 발걸음 빠르게
자주 만나 입 운동 열심히 하자

그리운 초록 친구들 -中-

감꽃

감꽃이 필 때면 생각난다
어릴 때 우리집 마당가에 있던
아름드리 감나무 한 그루

푸른 하늘 덮고 있는 둥글넓적한 잎 사이로
하얗고 노르스름한 고운 옷 차려입고
은행처럼 조롱조롱 매달려 있던 너

버틸 힘없어 땅에 떨어질 땐
서러운 눈물 되어 온몸을 적시니
이슬로 목욕하고 달콤한 향기로 마음 달래며
수줍은 여인네의 미소 같이
빙그레 웃어주던 정겹던 감꽃이었지

그냥 두고 보기 애처로워
바늘에 끼워 만든 각종 장신구들
목에 걸면 금목걸이 팔에 끼면 금팔찌
화려한 금관을 쓴 공주도 되어보고
세상에서 나만 지닌 감꽃 장신구들

꽃잎으로 덮여 있던 보송보송한 흙들
질투 어린 눈빛으로 우리를 보고 있는데
어느새 아침 햇살은 따갑게 쏟아 붓고
아침 먹으라 불러대는 엄마의 낭랑한 목소리
감꽃이 필 때면 생각이 난다.

해바라기

이글거리는 태양 아래
사랑하는 만큼
뜨거운 열기 참아야 하는 해바라기

손길 한번 스치지 못하고
날마다 그리움에 목말라
활짝 웃는 얼굴 모습
멀거니 바라보기만하다
목이 긴 거인이 되어 버렸나

쓰러질 듯 넘어질 듯
멋진 춤 보여야 하기에
살랑대는 바람 소리도 반가워
안으로 슬픔 참으며
흔들거리는 모습이 애처롭구나

맑은 날엔 온종일
환한 얼굴로 고개 살짝 숙이고
님 따라가는

수줍은 듯 겸손한 너의 모습
애절한 사랑 전하는 걸까

한결같은 마음으로 사랑 펴주는
순정어린 해바라기의
아름다운 사랑이 아닐는지.

희망

냉수 한 컵 들이키듯
시원한 빛줄기
얼굴엔 활기 띤 밝은 모습
살아 있음을 증명하듯
용기 솟아나고
꿈을 찾는 발걸음 힘차진다

마음엔 분홍빛 물들이고
미지의 길을 찾아갈 수 있는
신비의 선물이 배달되려나
가슴이 탁 트이고
광활한 대지 위에서
반짝이는 작은 빛 하나
점점 가까이 다가온다

인생의 여정 함께 가는 동반자
곁을 밝혀주는 등불 되니
작은 빛 놓치지 않고
가슴 속에 품어 안으며
힘주어 외쳐본다
내가 찾던 꿈이었고
희망이었다고.

세월에게 던져보는 작은 소망

노을 진 석양빛에
물빛 곱게 물들이면
양 볼은 발그레해진 새색시 얼굴
마음은 불그레한 물결 일렁인다

아련한 추억만 먹고 살아온 필름은
지난날의 기억들 하나 둘
실타래 풀듯 술술 풀어내니
얼굴 살은 지긋이 웃음 짓는다

종착역 없는 무한대의 길
앞만 보고 쉬지 않고 달리는 너
어디까지 함께 가야 하는가
얼 만큼 더 가야 하는가

고운 빛 어우러진 수면 위에
지금도 끝없는 길을 달려가고 있는
너에게 작은 소망 띄워본다
세월 때 곱게 묻은 노을 꽃 피워놓으라고.

바람이 주는 사랑

나뭇잎은
바람 그리워 찾아 나섰고
바람은
살랑 흔들며 간지럼 준다

마음은
창문 밖 바람 부르고
바람은 어느새 문 틈새로 들어와
따뜻한 손길로 어루만져 준다

바람 따라 나타났다
소리 없이 사라지는 님의 모습
보일 듯이 잡히지 않으니
서글픔이란 그런 것인가

사방에서 너를 부르는 소리
바람아 네 모습 보여 줄 수 있겠니
사랑 그립고 정 그리워
다시 찾는 자연의 바람아

주기만하는 탐욕 없는
너의 사랑 앞에서
나는 아름다운 사랑을 배운다.

6월의 초록 들판

메말랐던 논바닥
물로 가득 차 있고
갓 모내기한 논에는
어린모들 한들거리며
나도 너도 나란히
발 담그고 서 있네

온종일 누굴 기다리나
물에서 헤어나지 못하고
넓은 초록 운동장에서
살랑 바람 불어와
고운 춤 나부끼며
잔잔한 물결 일렁인다

날아든 백로 한 마리
숨겨준 먹이 찾아
고개 숙여 인사 하는 모습
초록 융단에 흰 점 하나
내 마음도 정갈해지는
맑고 청아한
6월의 초록 들판이었네.

희망의 빛

달빛 새는 창가에서
너를 따라가는 외로운 눈빛
들러리 서 있는 반짝이는 별
너와 나를 감싸 안는다

동녘 하늘에 은은한 빛
수줍은 새색시 볼이 되어
살짝 얼굴 내밀더니

힐끔힐끔 엿보는 듯
갑자기 영롱한 광채
황홀함에 눈이 부신다

곱게 화장한 하늘은
카메라 속으로 찰칵 들어가고
희망의 아침은 서서히 밝아온다.

별빛에 띄운 사랑

휘영청 밝은 달밤
그리움에 목이 탄 외로운 별 하나
침묵만 온 하늘에 가득하고
눈에 비친 지쳐있는 흐릿한 별빛
사랑하는 마음 울컥거림
눈시울을 적신다

풀벌레 숨소리
달빛 타고 흐르는 밤
그리움 따스하게 보듬으면서
뜨거운 사랑의 향기 별빛에 실어
지나는 바람 불러
곱게 띄워본다

이 한밤 다 가도록
별빛과 하나 되어 나누게 될
부드러운 사랑의 향기
그리움에 애끓는 마음마다
살짝 불어넣어 주려 하였는데

바람은 어디까지 날아갔는지
껌뻑이는 너의 멍한 모습
가물가물 마주한 눈동자
시샘하는 회색 구름 무리들
그리움은 마음에 안개비 내린다.

오수를 즐기는 백수

하늘엔 뭉게구름 바람 따라 흐르고
태양은 정수리에 뜨겁게 내리쬐고
땀샘에선 죽어라 펌프질에 바쁘고
줄줄 흐르는 땀은 온몸을 목욕시키고
용광로처럼 이글거리는 한낮의 찜통더위
여름 한복판에서 기승부린다

마음까지 폭폭 찌는 폭염의 날씨에
더워야 여름 맛이 난다는 걸 잊은 채
연 삼 일간만 伏이 계속 지나간다면
불볕더위도 힘없이 엎드릴진대
오늘도 바람을 부르는 얄팍한 마음
조급증은 벌써 가을을 그리워한다

평화스럽게 꿈속을 걸어 다니며
오수를 즐기고 있는 백수 모습에
중복 더위도 잠시 굴복했을까
어디선가 날아와 뱅뱅 돌며
약 올리는 심술궂은 파리 한 마리
평온하던 얼굴엔 짜증으로 한가득
그래도 잠은 쏟아지는데.

밝아오는 해변의 아침

이슬에 얼굴 씻고
상쾌한 발걸음은 옷깃 나부끼며
하얀 포말 토해내는
넓고 푸른 신두리 해안으로

순찰하는 아침 갈매기의
아름다운 춤사위를 혼자보고 있자니
온몸으로 번지는 쓸쓸함은
그님 생각으로 촉촉해 지고

밤새 물 먹은 모래 도화지에
그려 놓는 그리운 추억들
파도는 허락 없이 쓸어가고
돛단배에 올라탄 그리움 한 조각
떠나가는 사랑을 슬퍼하는데

모래밭에 남아있는 외로움
아침노을 머금은 이슬에 반사되어
영롱하게 반짝이는 인생 빛 비추니
조용히 밝아오는 해변에서
소박한 행복을 꿈꾸며 아침을 연다.

마음 아파오기에

어두운 밤거리엔
가로등만 반짝거리고
인적도 없는 틈을 타
새벽 내내 울어대는
처량한 저 매미 소리는
송두리째 마음 흔든다

울음소리 슬픔인지 아픔인지
밤하늘엔 아직 잠들지 않은
별님만 깜빡이고
귀청이 시끄럽다고
키 큰 나무는 거센 바람 부른다

내 마음 사로잡는 맴맴 소리
애련함이 아픈 마음 되어
함께 하얀 새벽 보내려니
하얀 포말처럼 밀려오는 슬픔
떠오를 환한 아침 해를 기다리며
밝은 마음 가져본다
마음에 찬이슬 내린다.

그리운 초록 친구들

지우개로 지워도 지워지지 않는
머릿속 차지한 기억 속의 이름들
가끔씩 미완성 작품 손질하듯
떠올리는 그리운 초록 친구들

언젠가 우리 낙엽 될지라도
그날이 오기 전에
마음은 가볍게 발걸음 빠르게
자주 만나 입 운동 열심히 하자

흐르는 시간 따라 살아온 세월
피할 수 없는 늙음 앞에서
생각 주머니 속의 불순물은
가볍게 내던지고

늘 푸른 상록수처럼
변함없는 우리 우정
푸르른 가슴 싱그러운 초록마음
오래오래 간직하고 사랑하며 살자.

마음의 강물에

청명한 가을 하늘
맑은 밤바람 타고

귓전에서 들려오는
풀벌레 울음소리

마음엔 그리움 여물고
아련한 추억만 꿈틀거린다

쉬지 않고 흐르는 마음의 강물에
고독이 잔잔하게 일렁이고

밤의 적막감에 기지개 펴는 그리움
하나둘씩 늘어난다

마음의 강물은 변함없이 흐르고
햇살만큼 뜨거워지는 가슴

두근거림은 잔잔한 마음 밭에
거미줄 치려한다.

눈물이 번진 한지 부채

핸드폰 메시지 누굴까
분홍빛으로 물들던 내 마음
폰 속에 들어 있는 12글자
"9월에 하늘나라로 가셨대요"

눈물도 메말라 멍해지는 나
금방 흙빛으로 변해가는 침울함

봄에 보고 여름에 통화하고
응답 없던 성탄 축하 메시지
만남의 약속도 못 하고
혼자서 급히 떠나야만 했던가

어깨에 짊어진 그 무거운 짐들
그리 쉽게 내려놓아 지더냐
이 세상 좀 더 긴 여행하고 갈 것을

9월이 오면 더 생각나는 매정한 친구야
산수화 그려진 한지 부채 정성껏 만들어
내게 보내 온지 2년
눈에 보일 때마다 흐려진 눈망울
네 혼이 담긴 부채 위에 얼룩이 번진다.

내 어릴 적 향수

눈 감으면 보이는 아득한 옛날
마음은 벌써
철없이 뛰어놀던 어린 시절
수줍던 어린이 개구쟁이로 변하고
하얀 뿌리까지 보이는 옛 추억들
오늘은 한 아름 밀려온다

바람 부는 날이면 바람개비
돌아라. 뱅글뱅글 주문 외우며
달리던 우리의 비좁은 골목길
어둠 골 메우는 우렁찬 가위바위보
숨바꼭질 열 올리던 어린 시절
그리움이 몸부림친다

그립다 그때 그 시절이
세월은 이만큼 왔는데 언제 가보나
추억이 머문 자리에 언제나 만나려나
그리운 고향 친구들
스멀스멀 피어올라 눈가에 머문다
내 어릴 적 그리움의 향수가.

마음 밭에 피는 꽃

지나온 세월
향기로운 거름 되어
마음 밭에
아름다운 꽃밭 일구면

이 몸 구석구석
피고 지는 순한 꽃 되어
출렁이는 그리움
예쁘게 피워 내리

억겁의 시간을 걸어온 듯한 인생사
이제는 발길 닫는 곳마다
작은 들꽃으로 피어나
예쁜 사랑 펴 주리라.

못난 자존심

인생은 먼 길 떠나는 나그네
사랑만 주고 가기도 부족한데
살면서 만들어낸 아집과 옹졸함
쉽게 내려놓지 못하고
자존심만 키우며 살아가게 하는가

자신도 모르게 받는 마음의 상처
사랑과 배려로 보듬지 못해
앙금으로 남겨진 마음 무겁게 지니고
언덕 하나 넘기가 그리 쉬운가

스승인 세월 앞에서, 이제는
사랑한다는 말부터 일상화하려는데
입안에서만 뱅뱅 돌뿐
웅크리고 있다가 톡! 튀어나오는
이 못난 자존심
어디까지 가야만 내려질 날 오려는가.

사진첩 여행

떠나는 슬픔에 흘리는 눈물인가
보내는 섭섭함에 흐느끼는 소리인가
빗방울 떨어지는 소리
계절의 이별 모습이 어른거린다

봄의 문턱에서
가만가만 내려오는
빗소리 들으며
떠오르는 옛 추억들
손끝은 발끝 삼아
사진첩 여행 떠난다

시간의 족쇄 차고
앙증스럽게 누워
해맑은 웃음 보내는
빛바랜 추억사진
솔솔 피어나는 옛이야기
봄비 속에 꽃 피운다.

세월에 묻힌 보물

산모퉁이 돌고 돌아
여울물에 깎이고 깎이며
세월에 묶여 살아온
인생 여정

그들이 안겨준 선물 중의 선물
천금을 주어도 못사는
귀한 보물 주머니엔
삶의 지혜가 가득 들어있다

홀로선 소나무의
외로움 닮지 말고
잡을 수 없는 세월
누구 탓도 하지 않으며
보물 주머니 벗 삼아
인생길 동행하노라면

세월 속에 묻혀 있던
또 하나의 보물
나그네 인생 배낭엔
삶의 향기로 가득 채워진다.

그대 지금 어디에

옛 님이여
지금 어디에서
무얼 하고 있나요

생생하게 떠오르는
향기로운 그대 음성
어딜 가야 들을 수 있으리까

각본 없이 다정하게
속삭였던 밀어들을
되뇌어 보며

고향생각 하다 보니
온갖 사념 사로잡혀
밤하늘에 수를 놓네요.

넉넉한 당신의 마음

내가 불평을 늘어놓아도
끝까지 들어주는 사람
친구 이야기 장황하게 늘어놓아도
묵묵히 들어주는 포용력 넓은 사람
뜨거운 사랑을 갈구하고 보채도
서두르지 않고 내 마음 달래가며
포근히 감싸 안아주는 사람

언제나 변함없이
서두르지 말고 조급해하지 말며
황소 같은 걸음으로
느리지만 서로를 충분히 이해하며
진솔하고 서로 신뢰하는 믿음 속에
아름다운 사랑 탑 쌓자는 사람

넓고 넉넉한 마음을 가진
당신이 내 곁에 있음에
내 사랑 전부는 오롯이
당신의 큰사랑 속에서
오늘도 소중한 사랑 키워간다오.

마음에 부는 찬바람

톡하면 터질 것 같은
봉숭아 씨 같은 마음
한 켠에 썰렁한 바람
자꾸만 기웃기웃
얇은 날개옷 질긴 자존심
두껍게 방어막 치는데
틈새 찾아 덜컹덜컹
빗장을 열라 한다

안개처럼 뿌옇게
시야를 흐려 놓고
밀려드는 찬바람
막을 틈 주지 않고
마음 문 활짝 열며
성큼성큼 들어와
자리바꿈 하려 한다

매서운 바람의 소리
비워주는 마음의 소리
여린 마음 울커울컥
눈가엔 글썽임 가득하여라.

들꽃에 둘러앉아

햇볕 따스한 봄날의 중턱에
선산에 올라 덩그러니 누워
주변에 둘러싸인 들꽃을 살핀다

보랏빛 노란빛 앉은뱅이 꽃들
바람에 하늘하늘 나풀거리며
나를 반기는 모습
귀엽고 앙증스럽다

꽃잎 꽃받침 꽃가루 꽃대
모두 다 갖춘 작은 꽃이요
아무도 봐주지 않는
외진 땅 산 중턱에서
더 큰 바람 감내하면서
쓸쓸히 서 있는가

작은 꽃에서 뿜어내는
아름다움 그 평온함을
어찌 다 표현하리오

이름 모를 노란꽃 보라꽃
들꽃들이여
나 여기 산중턱에 앉아
벌들과 노니는
들꽃의 속내를 읽고 있다.

송화가루 날릴 때

짙푸른 소나무 가지마다
촘촘히 달린 노란 송화
생각이 난다
생전의 우리 아버지 모습

봄이면 때 놓칠세라
주변 솔밭을 누비시며
바람아 잠 자거라
주문 외듯 바람 달래던 속내

봄볕에 그을리신 얼굴
집집마다 보내 주시던 건강식
떠서 먹기 좋게 꿀 넣어
부드럽게 반죽한 송화가루

우연히 올려다 본 소나무 위
날리는 송화가루 보려니
그 속에서 어른거리는
생전의 그 모습

이제야 알 것 같다
말씀 적으셨던 울 아버지 자식사랑
송화가루에 반죽해 보내 주셨던
하늘보다 더 넓고 큰 사랑
그립습니다.

새벽의 명상

사라져야만 하는 달빛의
씁쓸한 미소 보면서
싱그러운 5월의 첫날
새벽 산책길 나선다

고요한 세상
질주하는 자동차 굉음
적막을 깨뜨리고
기억 속의 옛 추억들
그리움 쏟아낸다

그리워라
만나고 싶어라
그 곳에 가고 싶어라
세월 나이 먹을수록
더 그리워지고
또렷하게 생각나는 것들

그립다 그때 그 시절
우리 서로 손잡고
뜀박질하던 고향산천

그 모습 꽃처럼 가슴에
한 아름 안아보며
푸르름 짙어가는
오월의 첫날
공원 산책로에서
환한 웃음 지어본다.

돌 틈새의 잡초

돌고 돌아 굽은 길
가파른 언덕길
돌 틈 사이 비집고
억세게 자라나는
거센 잡초들

비좁은 틈바구니에서
몸부림치면서도
모진 풍파 이겨내며
꿋꿋하게 자라나는
당당한 잡초들

불어오는 산바람에
미소 보내며
살아있다는 소중함을
겸허하게 받아들이는
소박한 잡초들

몸 숨길 틈도 없이
한 생이 끝나면
비탈길 돌 틈새서
다시 태어나는
어린 잡초들

아무도
반겨주지 않아도
그들에게도
꿈과 희망이 있어
생의 욕심이 강하겠지.

3부. 떠나려는 가을 앞에서

바람 불고 낙엽 떨어져 아름다움 사라지면
앙상한 나뭇가지에 남겨질 쓸쓸함
내가 서 있는 이 자리 다시 확인해보며
회한의 눈물 흘리게도 하는 계절

떠나려는 가을 앞에서 -中-

바람아 알고 있니

떠나가는 가을의 길목에서
숨어있던 찬바람
뒷걸음 하는 가을을
세차게 밀어내고
자리 찾으려 한다

아쉬워 못내 아쉬워
늦가을의 맛을 즐기려는 연인들
두 손 잡고 두 볼 비비며
낙엽 길을 걸어간다

푸른 하늘 머리에 이고
저만치 앞서가는 가을을
붙잡아 보려고 달렸지만
땀방울인지 이슬방울인지
온몸을 촉촉하게 적신다

절기마다 불어오는 찬바람
오가는 사람마다 움츠려놓은 뒤
맛배기로 겨울 맛 좀 보라고
첫눈 살짝 몰고 온다.

코스모스의 향연

아담하고 연약한 자태로
이슬에 몸 씻고 곱게 치장하고
하늘거리며 서 있는 길가에 코스모스

지나는 길손
발걸음 멈추고
햇빛에 물든 고운 얼굴 마주한다

저마다 고개 살짝 숙인 채
바람 따라 춤을 추며
숨바꼭질하는 가녀린 몸놀림
살랑 바람에 간지럼 타는 모습

배시시 웃는 뭉게구름 한 조각
청초한 아름다움에 취하여
그 안에 그리움 잠들게 한다.

가을밤의 가로등

저무는 가을밤
어둠은 짙게 가라앉아
깊이 잠자는데
나뭇잎은 바람에 소곤거리고
밤공기 머금고 졸던 가로등
달빛 불러 밤을 지킨다

환하게 웃어주는 달님 보며
별빛도 깊숙이 손을 내밀고
힘차게 뻗어가는
황홀한 가로등 불빛 아래
살랑거리는 나뭇잎
가을밤을 아름답게 물들인다

환한 빛에 온밤 지새며
나풀나풀 춤을 추던 나뭇잎
가로등 구름 가려 어둠 내리고
마음 구석에 한자리 펴니
쓸쓸함은 외로움 불러내고
가을밤은 고독과 입맞춤한다.

마지막 잎새의 몸부림

가지 끝 매달린 잎새 하나
초겨울 센바람 불어와도
떠나는 가을이 안타까워
혼자서 붙잡아 보려 하다
매 맞은 듯 축 처진 몸
바람과 싸우는 저 모습 애처롭다

구석진 곳까지 촉촉하게 적시며
내리던 안개비
우매한 속내음 알아채려
고옵고 부드러운 바람 일어
순풍에 날리듯 흔들리는 잎들
조용히 잠재운다

가지 끝에 외롭게 매달린 잎하나
빙그레 웃는다.

떠나려는 가을 앞에서

황금물결 출렁이는 가을 속에서
혼자도 좋고 둘도 좋고
한번쯤은 사랑하는 그 사람과
무작정 걸으며 정담 나누고 싶은 계절

발밑에 밟히는 낙엽의 바스락 소리
졸졸 흐르는 계곡의 아름다운 물소리에
나만의 낭만을 즐기다 추억을 만들고

바람 불고 낙엽 떨어져 아름다움 사라지면
앙상한 나뭇가지에 남겨질 쓸쓸함
내가 서 있는 이 자리 다시 확인해보며
회한의 눈물 흘리게도 하는 계절

이제 내년을 기약하며 떠나려 한다
내 인생의 가을은
되돌릴 수 없는 더 깊은 곳으로
하루가 달리 속력 내어 달려가는데.

아쉬워라 저무는 해

앞서가는 계절 저만치에서
옷깃 스미는 쌀쌀한 바람
얼굴 붉히던 그리움도
푸른 하늘 높이 배회하던
아름답던 꿈들도

이제는 찬바람 불어
안개 끼는 흐려진 마음
하늘은 개였는데
마음에 이슬내리고
촉촉해 지는 눈언저리

가슴속 메웠던 그리움도 사랑도
찬바람 일고 찬 서리 내리고
이 마음 다시 추워지누나.

낙엽 길 추억

낙엽 쌓인 돌담길
호젓하게 돌고 돌아
은행나무 길

엽기적인 행동으로
내 가슴 조여 왔던
그녀 얼굴 어른거려

길바닥에 주저앉아
한 움큼 날려보는 은행잎
입가엔 웃음 한가득

추억 속에 묻혀
깊이 잠자던 모습
생생하게 그려져

억지웃음 참으려니
흘러간 과거 속에서
젊은 날 필름 술술 풀린다.

저무는 가을

문밖을 나서니
세차게 부는 바람은
성이 났네요

쏜살같이 떨어진 낙엽
쌓이고 또 쌓이고
이리저리 방황한다

경비원 손에 쥐어진 빗자루
손놀림 빨라지고
한숨 돌리고 쓸고 또 쓸고
쉴 새 없는 아제 허리

바람은 여전하고
곡예 하던 무희들 추락모습
지나는 길손이 아름답다 했는가

아제 이마엔 떨어져 쌓여있는
낙엽수만큼 땀방울 송송 맺힌다.

가을비가 주는 행복

가을비 굵은 비
무슨 설음 그리 많아
온종일 쉴 틈 없이 눈물 흘리나

떠나야 할 운명 앞에 닥쳐올 슬픔을
이렇게 내려 보내면 후련하든가

해갈의 기쁨을 주는 가을비
굵은 빗방울 잠자던 키 큰 우산
나들이시켜주고

목마른 땅 메마른 마음
촉촉이 적셔주고 가려 하는가

빗속을 거니는 두 연인의
멀어져 가는 우산하나
삼삼하게 떠올라
나도 모르게 미소 짓는다.

화담 숲을 찾아서

새로운 명소 찾아 달리는 가을 길
도로변 아름다운 숲 솔솔 부는 바람
마음까지 시원해지는구나

아, 가을이 이런 것인가
하늘을 날 것 같은 가벼워진 기분 안고
찾아간 곳 곤지암리조트 안의 화담 숲

아기자기하게 꾸며진 정원 같은 수목원
여기저기 언덕배기에서
바람에 살랑거리며 손짓하는
키 작은 단풍나무들의 어우러짐

아, 아름다운 이 가을도
또 떠날 준비 하고 있는가
시월의 마지막 날 이곳에서
멋진 추억의 한 토막을 만들어낸다.

오색 단풍이 내린 눈물

황금물결 출렁이는 가을 속에서
지그시 눈을 감고 사색에 잠기다
살며시 고개 들어 앞을 보려니
눈앞에 펼쳐진 울긋불긋 단풍 동산

길 위엔 두터운 오색 카펫
한적하게 걷고 싶은
포근한 가을 단풍 길
살랑 바람 나폴 대는 황홀한 모습

한 움큼 날려 소원 빌어 보고
화려한 단풍물결 따라 눈망울 돌리니
아직 떠나지 못한 이슬에서
번뜩이는 그리움 한 가닥 영롱하게 빛난다

바람 세차게 불고 나뭇잎 떨어져
아름다움 사라지면
어디로 가야 하나 어디서 헤매야 하나
갈 곳 잃은 낙엽의 운명이여 그리움이여
흐려지는 눈가에 방울방울 이슬 맺힌다.

깊어가는 가을밤

눈빛은
어둠으로 들어가고
별빛에 휘감기는
사념들

가까이에서
들려오는 귀뚜라미
처량한 울음소리
잠은 천리만리로

시간은
안개처럼 흐른다
물보라 치듯
뿌옇게 일어나는 외로움

밤하늘 별빛 따르려니
아련한 그리움이
꽃송이처럼
몽실몽실 피어오른다.

갈대의 소리

강물은
짙게 깔린 물안개에
살짝 얼굴 가리고
말없이 흘러가는데

북풍한설 찬바람
매섭게 불어오고
강바람 세차게 갈대숲에
몰아친다

모진 풍파 감내하며
바람 소리 장단 맞춰
살랑살랑 춤판 펼친
갈대 놀이마당

흘러나오는
애절한 울음소리
메마른 가슴 속
심연에서 그리움 되어
울렁이며 요동친다.

12월 첫날밤

남은 달력 한 장 보며 잠 못 이루는 밤
눈 안에 둥둥 떠다니는 12라는 숫자
작아졌다 커졌다 울렸다 웃겼다
마음의 운전대 나사 하나 풀렸나 보다

삶의 무게에 짓눌려
세월 꼬리 겨우 붙잡고
앞만 보고 온 지 벌써 11달
시계 초침이 급 속력날개 달고 돌았나 보다

삶의 뒤안길에서 불안함과 초조함 안고
질긴 욕망의 끈을 놓지 못한 채
세월에 이끌려서 지내온 시간들
이 밤 내 마음을 어둡게 하고 있나 보다

큰 사고 없이 달려옴에 감사하고
무거운 짐 지고 오느라 힘겨워했던
내 어깨를 사랑으로 감싸 안아주며
오는 해도 그저 이대로만 있게 해달라고
앞서가는 세월에 넌지시 전하며 오늘을 맞는다.

겨울비가 내리네

가을이 갔다
마음 안엔 아직도
단풍 화려한 색색의 꿈들
살아 있는데
앞서가는 계절 저만치에서
옷깃 스미는 쌀쌀한 바람
스산해지고 찬바람 인다

가을이 남기고 간 그리움
허공에 그려보던 사랑의 꿈
허무함만 남기고
안개 낀 흐려진 마음
하늘은 개였는데 여전히 춥다

아쉬워라 저무는 해
올해도 쨍하고 해 뜰 날
돌아오지 않으려나
겨울비가 촉촉이 내린다
눈가에 흐려진 안개
내 마음도 겨울비가 내리려나.

마음에 내리는 하얀 눈

눈이 내리는 날
새까만 눈동자에 비쳐오는 하얀 빛
눈이 부시게 커져가는 동공
밝게 빛난다

마음에도 내려앉은 듯
순화되어 가는 느낌
마음 정화조에 고여 있던 탁해진 마음들
한 번에 흘러내리듯 시원스럽다

세파에 물 들은 찌든 때들
깨끗이 청소해 주는
맑고 고운 하얀 눈
고맙구나

1년에 한 번쯤 더럽혀진
이 세상에 내려와
순결하고 정결한 하얀 세상
만들어주는 너이기에.

빗소리 들으며

11월의 마지막 날
오늘
가을이 아주 가려나
살금살금 내리는 빗소리

떠나는 가을을
배웅하는 소리인가
자리바꿈하는 겨울
마중 나가는 소리던가
빗소리에 꿈틀대는
내 그리움의 소리던가

모두를 깨우는 소리 중
낯익은 그 목소리
어디선가 나를 부르는
낭랑한 목소리
곱다랗게 들려오는 듯하다.

저무는 한해

한파가 몰아치는
엄동설한 한밤중에
파노라마처럼 스쳐 지나가는
지난 일 년의 그림들
잠을 설친다

세월의 흐름은 나를 또
한대열 높이고 있고
남은 날은 점점 짧아지는데
내가 할 일은 갈수록 쌓여만 가누나
못다 한 일 못다 나눈 나의 사랑
못 전한 감사함 언제 다 달성 하리오

해마다 후회하고 뉘우쳐 봐도
다시 그 자리 다람쥐 쳇바퀴 돌듯
내 인생 올해도 도루묵 신세
가는 해 아쉽다 하지 말고
오는 해 계획 잘 세워보세.

겨울 까치집

앙상한 나무 꼭대기
모진 눈보라 마다하지 않고
추위에 떨며 하늘만 바라보고
앉아 있는 두 까치집

누굴 기다리나
서로 마주하고
그리움 달래가며
사랑을 나누고 있는가

난 보았노라
저 높은 곳 작고 포근한 까치집
사랑하며 정겹게 겨울을 나는
그들의 모습을.

슬픔이 밀려오는 밤

어둠이 짙게 깔린 밤
마음이 우울해지면
가슴은 답답해지고
내 안 깊숙이 묵어있던 슬픔이
파도처럼 밀려온다

달빛 환히 비치면
달님보고 호소해보는
인생 여정 흘러간 세월이
주마등처럼 스쳐가고
눈가에 이슬이 총총
소리 없이 흘러내린다

시간은 흘러가고
밤을 밝히던 촛불 하나
자꾸자꾸 슬피 울어
쉴 틈 없이 쏟아내는 촛농
점점 짧아지는 초의 길이
어느 순간 형체도 없이 사라지겠지.

귓가에 맴돌던 목소리

한잠 자고 두 잠자고 나니
어디선가 들려오는 듯한
다정한 그 목소리

어렴풋이 들려오는 듯하여
벌떡 일어나 내 귀를 의심한다

창문마다 불빛 보내는 어두운 밤하늘
묵묵히 지켜보던 별 하나
내 마음 알아차린 듯

창문 틈새 바람타고
별빛 살짝 들여보낸다

어느 틈에 맴돌던 목소리 흐려지고
내 맘은 별빛 따라
밤하늘을 여행한다.

눈꽃이 피면

눈송이 하나하나
나뭇가지 풀숲에 앉아
하얀 꽃 피어 놓고 우여 우여
지나는 사람 부른다

간밤에 내려오느라 추위에 떨었건만
밤사이 친구 불러 별빛 달빛 속에서
피워낸 저 꽃 매혹적인 저 자태
이리 눈길 끄는가

고사목에 눈꽃 피면 어른거리는 사람
눈 많이 오던 날 밟으면 아파한다고
훨훨 날아 하늘로 가신 내 어머니

슈백의
순결하고 고고한 눈꽃이여
눈꽃 속에는 어머니의 혼이 들어있다.

낙엽 터는 아저씨

단풍 찾아 낙엽 찾아
노란 은행잎 길 찾아
가을 향에 취해
바스락바스락 낙엽 밟던 소리
한 줌 훨훨 날려보며
한 잎 주워 책갈피에
꼭꼭 숨겨 놓던 아름다운 계절
가을은 저물어 가는데

쓸어도 쌓이고 또 쌓이고
청소하다 화가 난 경비원 아저씨
긴 장대 휘둘러 나뭇잎 털어내니
분노의 장대 끝
때리느라 정신없고
마지막 남아있던 나뭇잎
매 맞느라 정신없네
상처투성이 나뭇잎
울음소리 들려오고

울다 지쳐 떨어져
수북하게 쌓인 낙엽들
후련한 마음으로 쓸어 담는
아저씨 손길 쉴 틈 없고
바람에 날리는
말썽쟁이 낙엽 따라
이리 뛰고 저리 뛰고
낙엽과 싸우는 모습
마음 아려 옴이네

가지마다 입고 있던
고운 옷 벗고 바람에 떨며
땅에 뒹구는 모습
가슴을 울린다
아쉬움만 남겨놓고
시리지는 가을의 귀퉁이에서
아름다웠던 계절이
눈물 날만큼 슬퍼지고
쓸쓸함만 주변을 맴도는
끝자락의 가을을 보았네.

인생은 꿈인 것을

꿈을 꾸는 밤이면
두려움도 악몽도
행복함도 기쁨도
꿈속을 정신없이 헤매다
깨어나면 모두 사라지고
마음에 허전함만 남긴다

행복한 삶
날개 돋쳐 날고
두렵고 어두운 삶
불안에 떨지만
삶이 깨지는 날이면
모두는 꿈과 같이
흔적 없이 사라져 버린다

집착도 욕심도
조금씩 내려놓으며
삶의 지혜 터득하여
긍정적 자세로
슬기롭게 헤쳐 나가자

100-101

자만과 교만도
날려버리고
사랑과 믿음으로
남은 세월 살다가
고달픈 인생 끝나는 날
꿈속으로
가볍게 사라지리라.

술의 힘

잔은 오고 가고
기분은 훨훨 날아
취하고 또 취하니
쏟아지는 인생담
나풀나풀 춤을 추고
술잔 위를
찰랑찰랑 넘나든다

술의 위력 고속 승진
혀가 꼬이고 몸은 휘청휘청
점점 무아도취 경계 허물고
또 한 잔 다시 한잔
기분대로 움직이는 술잔
세상 밖으로
날개 퍼덕이며 나오는
자유분방한 언어들
밤은 깊어 가는데

기다리는 마음엔
그름만 짙어 지고
얼마나 마셨을까

어디쯤 오고 있을까
상상의 날개는 빗장을 열고
훨훨 날아다닌다
속이 까맣게 타들어 가는
아내의 커다란 동공도
어둠 속으로 튀어 나간다.

소나무 앞에서

사철 내내 변치 않는 소나무
짙은 초록 빛깔
넓게 펼쳐진 창공위로
힘차게 뻗어 나간다

늘 변함없는 자태로
하늘과 시간 쪼개어 놀며
묵직하면서도 애잔한 음성
솔바람 타고 울려 퍼지니

이슬과 바람꽃 찾아 들고
새들 날아와 놀이터 되어준다
세찬 바람에도 흔들림 없이
사랑 보금자리 되어주는 소나무

속절없이 지나가는 계절이 싫다며
곧게 뻗어 나간 줄기마다
싱싱하게 매달린 초록의 솔잎
푸름만 자랑하는 굳은 절개
소나무 앞에 서서 마음 굳혀본다.

취객

짙어가는 어둠 골 어스름 달빛 아래
가물가물 보이는 이
갈지자걸음으로 휘청거리는 취객이라

무슨 생각 저리 많아 방황하고 있는가
깜박이는 생각들 기억의 교차로에서
빨간 신호등에 갈길 멈추려 하는지

취기에 마음은 하늘을 날고
술술 풀려 나오는 취담
취흥에 흥얼흥얼
어둠 골 깊숙이 번져간다

삶의 애환이 닮긴 황혼의 노랫가락은
테이프 끊겨 뱅글뱅글
갈 길은 멀기만 한데
취기는 언제 사라지려나.

스쳐가는 바람소리

하루가 저물어갈 때
아름답게 물드는 황혼빛
바라보는 마음엔 허무함뿐
바람에 실려 온 풀 향기 머금고
내 나이 한숨 한번 쉬어 보고

활짝 핀 꽃을 보면
아름다움과 향기에 취하여
멍하니 바라보다
입안에는 마른침 하나 가득
지나온 세월 한탄 하는데

스쳐가는 바람이 건네는 소리
아름다운 세상 네 곁에 있을 때
가는 세월 붙잡으려 하지 말고
오는 세월 환호하며 살라하네

풍성한 가을
들녘을 바라보며
가을바람 따라 희망 찾아서
흘러가는 세월 아쉬움 떨치고
남은 세월
최선을 다하며 살라 하네.

마음 여과지

달빛 타고 불어오는 솔바람
님의 손길인 양
등줄기 시원하게 긁어주며
그리움 안고 오는 바람아

여과지 가져다주어
빛바랜 얼룩진 마음 걸러서
더 이상 번지지 않도록
모두 날려 보내 주려무나

세월 먼지 무사통과
동그란 마음만 남게 해주고
깨끗이 정화된 마음으로

커가는 그리움
익어가는 사랑 함께 공유하면서
둥글둥글 살아가리라.

4부. 추억 속 친구들

추운 겨울이면 초가집 처마 끝에
주렁주렁 매달린 기다란 고드름
억척스럽게 따서 칼싸움하며
동네 한 바퀴 돌던 소꿉친구들

추억 속 친구들 -中-

나라꽃 무궁화

붉은 핏빛으로 물들이고
활짝 피어나 손님 맞고 있는
현충원 무궁화

이 나라 이 땅 어디서나
주어진 환경에 겸허히 순응하면서
피고 또 피워내는 나라꽃

부슬부슬 내려앉은 빗방울에
얼굴 간지러워 살짝 고개 돌린
수줍은 모습에서

역사 속으로 흘려보낸 조상들의
한 맺힌 설움이
방울방울 깃들어 있는 듯하다

모든 악조건 속에서
수차례 외침을 당했어도
오뚝이처럼 일어났던 질기고 질긴 끈기
온화하면서도 부지런함

바로 너를 닮아 길들여진
우리 고유의 국민성이 아니더냐

불멸의 혼이 담긴 나라꽃이여
여기 고이 잠들어 있는 영혼들과 함께
아름다운 이 나라 이 겨레를
길이길이 빛내 주소서.

*제2회 영상시 공모 '나라꽃 무궁화' 우수상(2014)

사진-김용선

나라 혼이 담긴 꽃·1

-무궁화-

꼿꼿하게 꽂혀
풍겨내는 숭고한 자태
온화하면서 외유내강 했던
우리 어머니상 같고

피고지고 또 피워내는
끈기와 뚝심
두 주먹 불끈 쥐고'
오뚝이처럼 일어나
일터로 나가는
우리들의 아버지상이 아니더냐.

112-113 사진-김용선

나라 혼이 담긴 꽃·2

-슬픔은 찾아오고(I,M,F)-

이미 너는 알았는가
닥쳐올 경제위기
고운 얼굴에 방울방울
맺혀 있는 물방울 마다
슬픔과 근심이 가득 하구나

오뚝이 같은
네 성격 닮은 우리라면
곧 다시 일어나
지칠 줄 모르고
서로 힘 모아
큰 나라 이루리라
뭉치자 작은 힘.

사진-김용선

나라 혼이 담긴 꽃·3

-온 국민은 하나 되어-

뭉치면 살고
헤치면 죽는다

난국에 처했을 때
딱 어울리는 말

예상이나 한 듯
서서히
움직임이 보였다

우리 민족의 단결심.

 사진-김용선

나라 혼이 담긴 꽃·4

-작은 힘 큰 힘 되어-

서광이 비친다
조막손에 끼었던
아가의 귀여운 돌 반지
외환위기 막으려고
장롱 깊숙한 곳에서
급히 뛰쳐나왔다.
다시 발 돋음 하는 우리
우리는 하나였다.

사진-김용선

나라 혼이 담긴 꽃·5

-어둠에서 광채 나고-

절망은 없다

단 합심 강하고
끈질긴 우리 민족
잦은 외침에도
오뚝이처럼 일어나
이 나라 이 겨레
지켰던 우리
민족의 우수성
어둠을 뚫고
세계만방에 떨쳤다.

116-117

사진-김용선

나라 혼이 담긴 꽃·6

-이웃에서 세계로 눈을 돌리고-

88올림픽
어깨 나란히 겨누며
세계가 하나되고

인터넷 통신망
세계를 한 눈에

우리 모두 세계로
눈을 돌리자.

사진-김용선

나라 혼이 담긴 꽃·7

-10대 강국과 나란히-

우리 민족의
끈기와 부지런함
아무데나 잘 자라는
나라꽃 무궁화 닮아
내가 머무는 곳이면
어디든 꿈을 펼치니

해냈구나
10대 경제 대국에 들어선
동방의 작은 나라
장하도다
그 이름 대한민국.

사진-김용선

나라 혼이 담긴 꽃·8

-아름다운 금수강산 살기 좋아졌는데-

산수가 수려한
우리나라 방방곡곡
관광객 붐비고

살기 편한 세상
즐거움 맘껏 누리며
행복함을 꿈꾸는데
서로 등지고
세력다툼 하는 모습들
아~
이 마음 슬프도다……

사진-김용선

나라 혼이 담긴 꽃·9

-나라의 평화를 기원하며-

저
무궁화 꽃을 보라
밀레의 만종처럼
석양을 바라보며
서로 화합하여 분쟁 없는
평온한 나라가 되기를
기도하는 모습
우리 함께 동참하자
이 나라 평화가 언제 오려나.

사진-김용선

120-121

나라 혼이 담긴 꽃·10

-우리의 소원은 통일-

꿈에도 소원은 통일
통일이여 오라~오라

남북이
한 맘 한 뜻으로
하나가 될 때
평화로운 대한민국

그 위상
세계만방에 떨치리
그날이 곧 오리라
꼭 오리라.

사진-김용선

빗속을 걸으며

겨울비를 맞으며
걸어가는 새벽 길

님의 발자국 소리인 듯
사각사각 낙엽 밟는 소리

홀로 걷는
외로움을 달래주는 소리

그리워 보고파
내 맘 앗아가는 그대여

네온사인 찬란한
도심 속의 한복판에서

오늘도 많은 생각 속에
새날을 맞으려하오.

빗속의 여인

비가 오는 날이면
떨어지는 빗방울 소리

생각나는 그때 그 사람
마음은 빗속으로 흘러간다

울적해진 기분은
쓸쓸함 부르고

우산하나 받쳐 들고
우둑우둑 떨어지는

빗소리 들으며
숲속을 거니는 여인

떨어지는 소리 벗 삼아
과거를 회상한다.

혼자 집에 있는 날

온종일 혼자 있으려 하니
지나온 길에 뿌려진 내 기억들
마음 송두리째 빼앗아 간다

눈동자에 스쳐 지나가는 그림들
시시각각으로 바뀌는 은빛 사연들
숨바꼭질하는 먹구름과 밝은 햇빛

웃음 줄때 입가엔 함박꽃 피고
슬픔 줄때 눈가 언저리는
풀잎 이슬처럼 맺혀있는 물방울

흘러온 세월이 안겨다 준
수많은 사연들
찾아드는 외로움에 하루해가 다 간다.

마음에 여유를 찾아서

살다가 어느 날 갑자기
우울해질 때면
가슴에서 펌프질이 바빠진다

불안의 씨는 점점 풍선 되어가고
터져 버릴 것 같은 답답함이여
나를 불러가라고 주문을 해 본다

굴곡 없이 그날이 그날인
평범한 삶 회의를 느끼다가
마음 가다듬고 굳은 약속해 본다

그래 빡빡한 시간들 쪼개고
틈을 비집고 들어가
마음에 여유 부려보며

그 안에서 작은 즐거움 맛보는
편안한 마음
감사하며 살아가사고.

추억 속 친구들

추운 겨울이면 초가집 처마 끝에
주렁주렁 매달린 기다란 고드름
억척스럽게 따서 칼싸움하며
동네 한 바퀴 돌던 소꿉친구들

속상한 일이 생겨도
화낼 줄도 모르고 만나면
그냥 좋기만 했던
우리들이 아니었니

철없이 뛰어놀던
우리들의 놀이마당도
가보고 싶단다
그립고 그리워라

나 어릴 적 그때 그 동무들
보고 또 보고 싶어라
모두다 어디 사는지
소식이나 전해다오

오늘도
너희들 생각하며
그리움 달래고 있단다.

향수

언덕배기 하얀 집
동산에 올라서서
아랫마을 내려다보려니

제 눈에 안경이라
한눈에 들어오는
낯익은 동네하나

오매물망
꿈에 그리던 고향 마을과
흡사 하더이다

여울진 개울물에서
멱 감으며 조개 잡고
잽싸게 달아나던 모래무지, 피라미

나이 들어 더 생각나는
고향땅 고향하늘
그곳을 차마 잊을 리가 있으리오.

향기 나는 삶

언제나
늘
너는 나에게 나는 너에게

덕담으로 인사 나누며
새날
새 아침을 열지요

에누리 없는 우리의 사랑
서로
버팀목 되어 만든 이 행복

올해도 욕심 없이 살자던
너와 나의 약속
빈틈없이 지켜서

라일락 향기 같은
삶의 향기가 솔솔 풍겨 나는
한 해 되게 하소서.

아궁이 장작불

이글이글 타오르는 아궁이 장작불
그 속에 사랑도 있고 그리움도 있고
웃음도 눈물도 내 인생 전부가 보인다

잡동사니 함께 범벅되어
우둑우둑 타들어 가는 불길
번져오는 따뜻함 달콤한 커피 향처럼

몸 구석구석 순회하며
내 마음 다독인다

한때의 왕성함 사라지고
잿빛 숯덩이 속에 작은 불씨 하나
어느 틈에 님 그림자 오락가락

은은한 그대 향기 그리움 되어
서서히 내게로 번져온다.

그리움으로 수놓는 밤

눈만 뜨면 생각나는 당신
함께 있으면서도
늘 바라보면서도
앉으나 서나 따라다니는 내 그림자

밤이면 더 그리움이 진해오는
난 당신 있어 행복하다고
뇌까리다 보면 하얀 밤 지새우지요

숨소리 커지면 다가가 들어보고
끙끙 앓는 소리 나면 가슴 철렁하여
뛰어가 살펴보고

사랑하는 사람아
미더운 사람아
평생 반려자이면서도
한시도 잊을 수 없는
고마운 당신이여

지금도 자는 모습
물끄러미 바라보고 있어요.

기차 안에서

기억 속에 머물고 있는
그리움 하나

차가운 겨울바람에도
자리 지킴 하네

안개 자욱한 거리에서
스쳐 갔던 그 사람

에워싸고 있던 수많은
생각 중에서

서둘러 걸어가던
뒷모습만 어른거리네.

여행 떠나요

다정다감한 사람들과 함께
늦가을 여행을 떠나 봐요

드높고 푸른 가을 하늘
올려 보면 막힌 가슴 뚫려요

멋진 시 한수 절로 읊어지는
여유로움도 생기구요

게적지근한 일이 생겨도
불안한 마음 조금은 편안해 지겠지요

요렇게 멋진 글로 화답할 수 있는
길도 보일 테니

답답한 마음 훌훌 털고
우리 함께 여행을 떠나 봐요.

이제서야 우리는

덤덤하게 만나 만들어 놓은
사랑의 보금자리
사랑을 심고 키우며
달콤한 사탕 먹듯이
작은 행복의 맛을 알았었고

사랑의 불모지에
훤하게 꽃이 필 무렵
벌어지는 크고 작은 일들
불안한 우리 마음을
정숙하게 만들어 주었었지

빈 둥지 지키게 되면서
진정한 사랑이 무언지
이제야 알 것 같았지

서로 아끼고 보듬고
귀히 여기며 뒤늦게 철이 들어가는
우리의 삶

행복하여라
여유로운 이 마음이여
언제나 당신과 함께하리오.

공원의 새벽인심

컴컴한 어둠 속
희미한 전등 빛 아래
아직은 이른 시간
일곱여 명의
나이 지긋한 어르신들

이리저리 뛰며
튀어나온 힘찬 고함 소리에
앙상한 나무들 놀라 잠 깨고
가지마다 잘게 흔들어
정답게 인사 나누는 새벽 공원

김이 모락모락 나는
낡은 주전자 둘레서
뜨거운 차 한 잔 마주하고
도란도란 이야기 나누는 모습들

동녘 하늘 떠오르는
태양 빛만큼이나
아름다운 인정이
솔솔 넘쳐흐르는 곳

지나던 내 목 줄엔
누군가의 손에서 건네 온
뜨거운 차 한 잔이 벌써
시원하게 흘러 내려간다.

새벽하늘

하늘엔 뭉게구름
두둥실 흘러다니고
바통 넘기려던 초승달
깜빡이며 졸고 있는 새벽녘

창가에 앉아있는
내 눈은 초롱초롱
별빛 따라 빛난다

헤아려 보는 별 중에
서산마루에서
나를 보고 웃고 있는
저 별은 뉘 별인가

쓸쓸한 내 마음
어루만지며 달래주는 별과 함께
새벽하늘 여행하면서
아침 마중 나간다.

내 가장 친한 친구

어제는 설날
내 나이 한 살 배불리고
내 몸에 늘 붙어 다니는
가장 친한 친구도 한 살 더 먹어
벌써 11년 차 되던 날

어느 날 스스로 빗장 열고 들어와
당당하게 앉아서 나를 시시각각
기분 흐리게 하는 네 이름 파킨슨

양심은 살아있어
참을 만큼 아픔 주고
마음 흐려놓았다가
다시 되돌려놓는 의리 있는 녀석

불타던 지난 세월이
불씨가 바람 따라 번져
내 몸까지 왔나 보다
평생 동행해야 할 친구야

오늘 하루만이라도
흐리지 않게 해줬으면
얼마나 좋으리오.

그리운 그대와 함께

나 그대 생각에 어제도 그제도
잠 못 이루고 시커먼 밤하늘에
그대 얼굴로 노란 수를 놓았네

내 귓전을 울리는
고운 그 목소리는
달빛 비친 창문 틈새서
나를 부르는 듯 들려오고

어디선가 금방 나타나
내 어깨 툭툭 치며
살그머니 잡아 줄 것 같은
그 따뜻한 손길 그리움만 커져간다.

사랑하고 싶은 날

마음이 허해질 때
텅 비어있는 마음 주머니에
사랑 가득 채우고 싶다

해 뜨는 낮에는
눈부신 햇살 따라 비춘
그대 흔적 찾아 여행하고 싶고

휘영청 달 밝은 밤엔
별빛 불러
속삭이고 싶다

비 오는 날엔
빗소리에 님 그리는 소망 담아
그대 창문 두드리고 싶다

꿈에서 만난 그대가
내 사랑 되면
이 험한 세상 함께 헤쳐 나가고 싶다.

예촌의 밤

바람이 불어온다
시원한 밤바람
덜컹대는 시골 길
달리는 즐거움

눈앞에 펼쳐진 밤하늘
흐려진 달빛 아래
물찬 논두렁에서
청아한 개구리 합창 소리
내 맘은 달빛 호수 위에
둥둥 떠다닌다

길옆 축복받은 들꽃들
가로등 불빛아래 활짝 웃고
은은히 들려오는 색소폰 소리
다시 찾게 된 이유 중 하나
여기는 예촌

잔잔한 음악 들으며
먹는 매운탕
나 음악에 취하고 맛에 취하고
오래오래 여기서 머물고 싶다.

새날이 오면

짙은 어둠 창에 깔리어
별빛 희미하게 보이는 밤
내 마음은
컴컴한 하늘에서 허덕인다

긴 어둠 지나면
어떤 일이 펼쳐지고
무얼 찾아 헤맬까
정처 없이 배회하며
외로움 달래누나

새날 밝아오면
내가 지나는 이 긴 터널
희망이 보이는 환한 빛
비춰 오리라.

오늘이라는 선물

인　쇄: 초판인쇄 2015년 07월 10일
인　쇄: 초판인쇄 2015년 07월 15일
지은이: 김용선
펴낸이: 윤기영
편　집: 정설연
펴낸곳: 노트북
등　록: 제 305-2012-000048호
본　사: 서울시 동대문구 사가정로 256-4호 나동 B101호
전　화: 070-8887-8233 팩시밀리 02-844-5756
이메일: hdpoem55@hanmail.net

2015. 7. 김용선 두 번째 詩集

정 가: 10.000원
ISBN: 978-89-92687-55-3-03810

한국 현대시[韓國 現代詩]

811.7-KDC6
895.715-DDC23　CIP2015017725